한글나라 좋은 나라

김종상 시집

문학신문 출판국

계림에서

김종상

산 위에 산을 앉히고
숲 속에 숲을 세우고,
그래도 아쉬워서
물소 떼를 풀어 놨네.

강물을 열어 두고
유람선도 띄워 놓고
그래도 부족해서
사다새도 날려 보네.

그림· 전성보

〈머리글〉

문림(文林)에서 살아온
한 포기 잡초의 흔적

　서울신문 신춘문예 시상식 때 나눠 준 「서울문우회보」 제40호에 1960년 신춘문예에 당선된 내 동시 「산 위에서 보면」과 회고담이 「옛 당선작 다시 읽기」로 실렸습니다.
　1960년 신춘문예에는 응모작품이 총 4,883편이었다고 했습니다. 그런데 다른 장르에서는 당선작이 없고 동시 부문에만 내가 당선됐습니다. 당시 군에 있던 나는 서부전선 완충지대 잠복호 근무조장으로 차출되었기 때문에 외부와는 통신이 안 되었습니다. 그래서 아무것도 몰랐습니다. 1년이 지나 제대를 하고서야 집에 와 있는 상장을 보았을 뿐이라는 회고담을 실었습니다. 「서울문우회보」에는 서울신문 신춘문예 당선자 276명의 주소와 당선 연도가 실려 있었는데 선배가 없었습니다. 내가 제일 고참이었습니다.

　1960년도는 당선자가 나 혼자니까 동기도 없습니다. 문득 고물 생각이 났습니다. 고물은 퇴물이고 퇴

물은 곧 폐물이 됩니다. 폐기되기 전에 정리할 것이 있을 것 같았습니다.

집에 와서 묵혀 둔 작품들을 모아 봤습니다. 유아용 '새 이야기'가 100여 편, '꽃노래'가 200여 편, '일반 동시'가 100여 편, '창작동화'가 50여 편, '성인시'가 100여 편이었습니다. 52년의 교직 생활에서 물러나자 마음만은 젊게 살자고 열심히 쓴 결과였습니다. 그것을 처리하기로 했습니다. '꽃노래'와 '창작동화'는 월간 문예지에 연재로 넘기고 '새 이야기'와 '성인시'는 책으로 엮기로 했습니다.

1959년 민경친선 신춘문예에 시 「저녁 어스름」이 뽑힌 후 동시와 함께 일반시도 써서 『기행시집』과 『서정시집』, 『시조집』도 낸 바 있지만, 이번 시집은 성격이 좀 다릅니다. 행사에 관련된 시가 많습니다. 축하의 마음이나 추모의 정을 담은 시가 그것입니다. 어떤 형식의 글이든 반세기가 넘도록 문림의 잡초로 살아온 흔적이기에 함께 넣어 엮기로 했습니다.

책 끝에 그동안 내가 쓴 책의 목록을 곁들인 것도 그 흔적을 남기기 위한 것이니 너그러이 봐주시기 바랍니다. 감사합니다.

차례

머리글

제1부 감자를 캐며

1. 감자를 캐며/ 8
2. 낯익은 얼굴들/ 9
3. 일 년에 한 번/ 10
4. 거울 앞에서/ 12
5. 진달래꽃/ 13
6. 집과 할아버지/ 14
7. 찔레꽃/ 15
8. 동반자/ 16
9. 할아버지 제삿날/ 17
10. 달리는 버스/ 18

제2부 한글나라 좋은 나라

1. 한글나라 좋은 나라/ 20
2. 금수강산/ 21
3. 징한 나라/ 22
4. 멍한 나라/ 23
5. 맹한 나라/ 24
6. 찡한 나라/ 25
7. 휴전선에서/ 26
8. 통일촌에서/ 27
9. 바느질/ 28
10. 펜을 들어/ 29

제3부 어느 가을날

1. 앵무새/ 32
2. 두견이/ 33
3. 방울새/ 34
4. 뻐꾸기/ 35
5. 기러기/ 36
6. 계수나무/ 37
7. 어느 가을날/ 38
8. 며칠 사이/ 39
9. 사계절/ 40
10. 산과 구름/ 42

제4부 무슨 생각을 할까

1. 무슨 생각을 할까/ 44
2. 손은 관 밖으로/ 45
3. 전쟁/ 46
4. 두 마리 뱀/ 47
5. 비상구/ 48
6. 위로 흐르는 물/ 49
7. 말 많은 세상/ 50
8. 사람보다 착한/ 51
9. 돌하르방/ 52
10. 왕릉과 삽사리/ 54

제5부 푸른 내일을 위하여

1. 새 영광을 빕니다/ 56
2. 어른과 어린이/ 58
3. 서울교육의 깃발/ 60
4. 우리는 하나/ 62
5. 푸른 내일을 위하여/ 64
6. 독서 · 논술의 길잡이/ 65
7. 힘차게 앞으로/ 68
8. 우리의 아리수는/ 70
9. 새로운 이정표를/ 72
10. 더욱 찬연한 내일을/ 74

제6부 우뚝했던 애육의 푯대

1. 과꽃을 심으면/ 78
2. 엄마의 소망/ 79
3. 삭풍에 더욱 푸른 장송처럼/ 80
4. 한 송이 푸른 연꽃/ 82
5. 무량수를 누리소서/ 83
6. 우람한 나무/ 84
7. 황금찬, 백수연/ 86
8. 부디 만수무강하소서/ 87
9. 대지를 적시는 단비/ 91
10. 우뚝했던 애육의 푯대/ 92

제7부 새 천 년을 맞이하며

1. 새 천 년을 맞이하며/ 96
2. 정해 새해에는/ 98
3. 횃불에 기름을 더하자/ 100
4. 갑오 새 아침에/ 102
5. 을미 새날을 맞아/ 104
6. 임의 뜻을 기리며/ 106
7. 하모니카 할아버지께/ 108
8. 눈솔의 높은 뜻을/ 110
9. 짚신을 예찬함/ 114
10. 대비수중고혼/ 116

부록 김종상이 펴낸 책들

1. 창작동시집/ 120
2. 창작동시선집/ 121
3. 교육용 동시집/ 121
4. 노랫말 동요곡집/ 121
5. 창작시집/ 121
6. 창작동화집/ 121
7. 수필집/ 123
8. 종합문집/ 123
9. 독서와 작문교재/ 123
10. 편저 기타/ 124

제1부
감자를 캐며

1. 감자를 캐며
2. 낯익은 얼굴들
3. 일 년에 한 번
4. 거울 앞에서
5. 진달래꽃
6. 집과 할아버지
7. 찔레꽃
8. 동반자
9. 할아버지 제삿날
10. 달리는 버스

1. 감자를 캐며

호미로 감자를 캔다
다 삭은 씨감자의 껍질 조각이
굵은 알감자를 따라 나온다

씨감자의 마지막 살 한 점까지
걸신처럼 빨아먹고 자랐을
굵고 살찐 감자알 걱정을 하며

손만 닿아도 부서져 먼지가 될
씨감자의 쭈그러진 껍질조각이
차마 흙으로 돌아가지 못하고

허겁지겁 알감자를 따라 나온다.
문득 어머니 생각이 난다.
　-「난빛축제」 시화전. 2015. 10. 17.-

2. 낯익은 얼굴들

주말농장에 갔더니
가시나물 엉겅퀴가
길가에 나와서 반겨 주었다
고향 마을 논둑에 있던 것이었다

산기슭 옹달샘가에서
배가 빨간 비단개구리가
눈을 깜박이며 아는 체했다
고향 집 뒤란에 살던 놈이었다

밭둑에서 돼지감자가
노란 꽃을 흔들어 보였다
시골집 텃밭에서
할머니가 가꾸던 것이었다

엉겅퀴도 개구리도 돼지감자도
어찌 알고 여기 와 있을까
옛 고향 시골에 두고 온
모두 낯익은 얼굴들이었다.

　　-『한국신문예』 사화집 10호. 2015.-

3. 일 년에 한 번

아버지 묘에 벌초를 갔더니
망초와 바랭이가 더부룩하다
무더운 여름내 얼마나 갑갑했을까
예초기로 빡빡 밀어내고 보니
불어오는 바람결이 한결 시원하다

내 어릴 적 아버지는
머리칼이 길면 더부룩해서
갑갑하고 바보스러워 보인다며
나를 뒤란 굴뚝 모퉁이로 데리고 가서
밤 깎는 손칼로 머리칼을 빡빡 밀어
알밤머리로 만들곤 했다

물론 아버지 자신의 머리도
깨진 면경 조각을 들여다보며
반질반질 윤기가 나도록 밀었다

그러했던 아버지가
이제는 손수 머리를 깎을 수 없으니
이 모양이구나 생각하니 목이 멘다

묘에 풀을 다 깎고
북어 안주로 소주잔을 올린다
생전에는 멸치 안주에 안동소주를

수시로 즐겨 드셨던 아버지
이제는 머리 깎는 일도
소주 드는 일도
일 년에 단 한 번뿐이니
참 갑갑하고 목이 마르시겠다.
　　-『농민문학』가을호. 2015.-

4. 거울 앞에서

거울 앞에서 흰 머리칼을 뽑다가
문득 아버지를 생각한다

하루가 다르게
얼굴에 주름살이 늘어가고
머리칼이 희어진다며
거울 보는 날이 잦아진 아버지

언제부터인가 내 모습이
그 아버지를 닮아가고 있다

지금 나는 거울 저편의
주름진 아버지 얼굴을 보며
내 흰 머리칼을 뽑는다.
　　－『강서문학』 2015.－

5. 진달래꽃

부모님 무덤가에
한 그루 진달래가
연분홍 꽃을 피워
향을 받쳐 들고 있네

어쩌면 내가 할 일을
대신하고 있구나

한세상 살다 가신
부모님 그 몸에서
어줍은 씨앗으로
나 하나가 생겼지만

진달래 한 그루만도
못한 것이 슬프다.
　　-『서석문학』32호. 2014.-

6. 집과 할아버지

지은 지 80년이 지났다는 우리 집
몇 차례 손을 봤지만
고칠 곳이 자꾸만 늘어난다

난방에 문제가 생겨서 겨울나기가 걱정이라며
잘 아는 건축사에게 집을 좀 봐 달라 했더니
손봐야 할 곳이 많다고 했다

문짝도 바꿀 때가 되었고
벽의 갈라진 틈새도 메워야 외풍을 막을 수 있단다
조명등도 수명이 다 됐고 싱크대도 너무 낡았지만
그보다도 당장 급한 것은
습기가 스며드는 벽면과 낡은 하수구라고 했다
고쳐야 할 곳이 여러 군데란다

80세가 넘은 우리 할아버지
오늘도 병원에 모시고 갔다
신경통과 고혈압과 당뇨에다가
기억력까지 들쑥날쑥해서
평생을 함께해 온 집만큼이나
탈이 많아 걱정이라고 하신다.

－『강서문학』 2015.－

7. 찔레꽃

할아버지 무덤가에
찔레꽃이 하얗다

허기진 보릿고개
동생과 함께 따먹었던
쌉싸래하고 향긋한 맛의 꽃

그 촉촉한 꽃잎과
노르께한 꽃가루를
입이 기억하고 있는지
손길이 찔레꽃으로 간다

나와 동생들 걱정하시던
그때의 할아버지 마음처럼
새하얗게 피어 있는 찔레꽃

문득 찔레나무 그림자가
할아버지 모습으로 흔들린다.

-『강서문학』 2015.-

8. 동반자(同伴者)

혈전(血栓)과 부정맥에
고혈압 당뇨병을
다 함께 가지고서
치료하러 다니자니
남들은 이러한 나를
종합병원이란다

치병이 어려우면
순복(馴服)을 받들어서
여생의 동반자로
다독이며 살라 하니
병고(病苦)도 정이란 것을
인제서야 알겠다.
-『참여문학』 59호. 2014.-

9. 할아버지 제삿날

할아버지 제사상에는
棗栗梨柿(대추, 밤, 배, 감)
네 가지 과일을
제일 앞자리에 차려요

대추는 씨앗이 한 개
한 분뿐인 임금이시고
밤은 알이 세 톨이라서
세 분의 삼정승이래요

배는 씨앗이 여섯 개라
여섯 분, 육판서이고
감은 씨앗이 여덟 개이므로
여덟 사람, 팔도 감사래요

할아버지 제삿날에는
옛 조선 시대 높은 분들을
빠짐없이 함께 모신대요.

-계간문예작가회 작품집 『想像탐구』 2015.-

10. 달리는 버스

버스가 달리고 있습니다
가면서 사람을 내려 주고
가면서 사람을 태우고

버스는 언제나 만원입니다
내려 줘도 새로 타서
빈자리를 채워 줍니다

계속 사람을 떠나보내고
새 사람을 맞이하면서
버스는 쉬지 않고 달립니다

우리 사는 세상이란
세월의 길을 달리는
종착역 없는 버스입니다.
　　-『월간문학』551호. 2015.-

제2부
한글나라 좋은 나라

1. 한글나라 좋은 나라
2. 금수강산
3. 징한 나라
4. 멍한 나라
5. 맹한 나라
6. 찡한 나라
7. 휴전선에서
8. 통일촌에서
9. 바느질
10. 펜을 들어

1. 한글나라 좋은 나라

'가가가' 울며 살던 일본의 개구리도
우리 땅에 들어오면 '개굴개굴' 노래하고,
'콕커르 두둘두' 하던 미국 닭도 '꼬끼오'한다

서양의 '클로버'도 한글로는 '토끼풀'이고
'플라타너스'도 이 땅에 들어와 살고부터는
가슴에 '버즘나무'란 이름표를 달았다

한글나라 좋은 나라 우리 하늘 아래서는
들에 사는 뭇짐승과 멧새들은 물론이고
풀숲의 벌레들까지 한글말로 지저귄다.
　　－「세계한글작가대회」 초청낭송. 2015. 9.－

2. 금수강산

홍익의 천손들이 자자손손 가꿔 온 땅
수놓은 비단같이 아름다운 錦繡江山
세계가 선망해 왔지 한빛 밝은 예의지국

어깨에 띠 두르고 성토할 곳 찾아가서
나라가 하는 일을 생떼로 반대하면
정의의 민주투사로 보상까지 받는 나라

최고의 영도자도 마음에 안 든다며
폭언과 악담으로 짓밟는 무뢰배를
진보의 先軍이라며 치켜 주고 있는 나라

후배는 님이 되고 선배는 놈이 되고
자식이 어버이를 죽이기도 하는 세상
말로만 인권을 파는 폐륜지국 禽獸江山

- 『마포문학』 8호. 2014. -

*錦繡江山 : 비단에 수놓은 것 같은 나라.
*禽獸江山 : 새나 짐승만 살고 있는 나라.

3. 징한 나라

폭행한 선량님은 굽실대며 배행하고
얻어맞은 여항인만 잡아다가 문초하는
경찰은 그렇게 해서 개 취급을 당하고

면책을 방패 삼아 법 위에 군림하며
아무 일도 안 하면서 세비는 엄청 받는
국회는 부패의 표본 없애야 할 쓰레기

지식을 거래하는 학교는 상점이고
학생은 고객이니 왕처럼 모시라는
괴상한 청지기론에 쇠락해진 시강원

죄짓고 벌을 받아 감옥에 들어가도
국경일 몇 번이면 감형돼 풀려나와
별 하나 더해졌다고 으스대는 징한 나라.
　　-『문학신문 문인회 작품집』제2호. 2016.-

*징한 : 징그러운. 이해가 안 되는.

4. 멍한 나라

해군을 해적이라 부르는 망국배와
대통령을 귀태라고 말하는 무리들도
한나라 한 백성으로 당당하게 사는 나라

나라 상징 태극기와 애국가를 부정하고
우리를 죽이려는 상대가 쳐들어오면
그들을 도와주자고 선동해도 되는 나라

사고로 죽더라도 의사자로 예우하여
그들의 후손까지 보상하여 주라면서
거리로 몰려다니며 짖어대고 있는 나라

극단의 이기심과 탈법과 노예근성
인간이길 거부하고 존엄을 파괴하는
그러한 불한당들이 활개 쳐도 되는 나라.
- 『문학신문 문인회 작품집』 제2호. 2016. -

*멍한 : 얼이 빠진

5. 맹한 나라

미국산 쇠고기를 수입해 먹는 대신
청산가릴 먹겠다고 외치던 광노님은
지금은 마타하리의 치마 밑에 숨었을까

버젓한 집을 두고 길가에 천막 치고
가로등이 환한데도 촛불을 켜 놓았으니
천막과 양초 판매를 광고하는 것인가

부채를 그냥 두고 배 째라 버텨내면
나라가 돈을 내어 그 빚을 갚아 주니
아무런 노력 없이도 살아갈 수 있는 나라

우리를 죽이려고 무기를 만드는데
더 많은 돈을 못 줘 안달이 난 사람들을
통일의 선봉장이라 치켜 주는 맹한 나라.
　　－「한통문인협」카페. 2015.－

*맹한 : 어두운. 몽매한.

6. 찡한 나라

그들은 핵 개발을 한 적도 능력도 없다
지원금이 그런 일에 쓰인다고 선동 마라
그렇게 퍼다 준 이는 큰 상 받고 영웅 되고

나라 세운 국부와 애민의 통치자는
죄인처럼 몰아가며 짓밟고 비방하니
세상에 이런 민족이 또 어디에 있을까

6·25 참전수당은 한 달에 십팔만 원
민주항쟁 피해자는 수억 원씩 주었으니
호국의 영령이란 건 부끄러운 말이네

연평해전 순국장병 삼천만 원 보상하고
여행 중 죽은 사람 십억 넘게 배상하니
조국을 위한 희생은 죄만 같은 일이네

전국을 수용소로 인민은 인질로 한
세습의 독재자에게 꼬리쳐 온 자들이
당당한 대우받으며 군림하는 찡한 나라

─「한통문인협」카페. 2015.─

7. 휴전선에서

남녘에 꽃이 피면 북녘도 화신 가고
북쪽이 단풍 들면 남쪽도 풍악인데
무엇이 틀어졌기에 너와 나는 갈렸나

멀쩡한 산과 들을 두 쪽으로 찢어 놓고
너 죽고 나 살자며 다 죽을 짓만 하니
강산아 말을 해 봐라. 왜 이렇게 되었나

단군의 피를 받은 우리는 단일민족
모두가 한 핏줄로 이웃도 사촌인데
어째서 천륜을 끊고 남남으로 사는가

냇물은 서로 불러 손을 잡고 함께 가고
짐승도 활개 치며 마음대로 오가는 땅
사람만 돌아섰구나. 육백여 리 휴전선.
　　-「순국선열유족회」 시화전 및 낭송회. 2014. 8.-

8. 통일촌에서

신록의 푸르름도 엄동의 설한풍도
우리가 운명으로 받들어 온 분복인데
어째서 그 모든 것을 아니라고 하는가

피가 스민 땅에는 풀빛이 더 푸르고
상처가 깊을수록 들꽃이 고운 것은
겨울이 추웠던 만큼 봄이 밝은 탓이지

우리의 산과 들은 참으로 어여쁘고
흙 한 줌 돌 한 개도 더없이 중한 것을
다시금 생각합니다. 통일촌을 보면서.

- 『마포문학』 8호. 2014. -

9. 바느질

눈보라가 몰아쳐도 태풍이 할퀴어도
다가올 만풍년을 기약했던 우리인데
어떻게 등을 돌리고 돌아섰단 말인가

생각도 갈라지고 강산도 찢어지니
황량한 가슴속은 냉랭한 서릿바람
단 꿀도 소태맛이네, 감내 못 할 이 신열

애절한 비원이며, 절명의 소망이네
너와 나는 뗄 수 없는 바늘과 실이잖아
찢어진 남북강산을 바느질해 보세나.

　　　－『마포문학』 8호. 2014.－

10. 펜을 들어

쇠사슬로 잠가 놓은 이념의 지뢰밭은
괭이나 삽으로는 길을 틀 수 없었기에
무심한 세월만 굴려 연륜만을 더해 왔네

힘겨워 손 내밀면 맞잡아 끌어 주고
지쳐서 허덕일 땐 서로가 도와주면
물오른 봄나무처럼 꽃을 피울 우리 산하

워터 제트 물줄기가 철판을 잘라내고
원고지 펜 자국은 총칼보다 강할지니
강산을 졸라맨 끈은 펜을 들어 끊으리.

　　- 『마포문학』 8호. 2014. -

*워터 제트(waterjet cuting) : 수압절단기.

제3부
어느 가을날

1. 앵무새
2. 두견이
3. 방울새
4. 뻐꾸기
5. 기러기
6. 계수나무
7. 어느 가을날
8. 며칠 사이
9. 사계절
10. 산과 구름

1. 앵무새

앵무새 앞에서는
나쁜 말을 마세요
너는 나빠 하면은
너는 나빠하므로

내가 한
말 한마디로
나쁜 사람 되지요

앵무새 듣는 데는
좋은 말을 쓰세요
사랑한다 하면은
사랑한다 하니까

그에게
우리 모두가
사랑받게 되지요.

-『우리 집은 하늘하늘』 2012.-

2. 두견이

신하에게 쫓겨난
촉나라의 임금님이
죽어서 두견이로
되었다고 하는데요

그것이
원통하여서
울며불며 사는 새.

아무리 울어 봐도
서러움은 끝이 없어
밤새워 산과 들에
피눈물을 뿌린데요

그 눈물
꽃잎에 젖어
붉게 피는 진달래.

-『문학세대』 33호. 2014.-

3. 방울새

방울새는 재롱둥이
아기와도 같아요
귀여운 방울 하나
목에 걸고 다니면서

쪼로롱 고운 소리를
자랑하고 있네요.

방울새의 고운 소리
은쟁반에 받아서
공부방 책상 위에
엄마 몰래 갖다 놓고

쪼로롱 동그란 소리
굴려보고 싶어요.
　　-『문학타임』가을호. 2014.-

4. 뻐꾸기

뻐꾹 뻐꾹 뻐뻐꾹!
뻐꾸기란 새는요
집도 없이 살면서
남의 집에 알을 낳아

거기서 키워 주도록
버려두고 가 버려요

뻐꾹 뻐꾹 뻐뻐꾹!
뻐꾸기 울음소리
뻐꾸기는 안 보이고
소리만 들리네요

소리도 알을 버리듯
내버리고 갔나 봐요.
  -「한국시낭송회의」 2014.-

5. 기러기

저무는 하늘길을
기러기가 날아가요
쉴 곳은 어디이며
길 표시도 없는 하늘

달님만 가로등처럼
비춰 주고 있습니다.

앞에서 '기럭' 하면
뒤에서도 '기럭기럭'
서로가 제 이름들을
부르고 대답하며

감감히 먼 하늘길을
줄지어서 갑니다.
　　-『문학세대』 33호. 2014.-

6. 계수나무

하늘을 쳐다보고 있는
늙은 계수나무에게
느티나무가 물었지

"얘, 뭘 보고 있는 거냐?"
"우주여행을 생각 중이야."
"뭐? 우주여행이라고!"
"응, 달나라에 가보려고…."

느티나무가 한숨을 쉬며
혼잣말로 중얼거렸어
"휴! 너도 이젠 늙었구나."
　　　-계간문예작가회 작품집 『想像탐구』 2015.-

7. 어느 가을날

풀벌레 노래가 흐르는 길을
바람이 낙엽의 손을 잡고
바삐 바삐 걸어가고 있었다

구절초가 생글거리며
가을을 봤느냐고 물었다
바람은 하늘을 가리켰다

한 무리 철새들이
날아오고 있었다
구름이 조용히 흔들렸다.
　　　－『문학과 행동』제3호. 2015.－

8. 며칠 사이

요사이 며칠 사이
놀빛이 유독 붉더니
뒷산 영마루로부터
빨갛게 물이 든 나무들이
매일 조금씩 조금씩
마을로 내려오고 있었다

오늘 아침에 보니
빨강 노랑 단풍잎들이
마당에 내려와 있었다
마을 길에 나무들이
모두 고운 놀빛으로
물이 들어 있었다.

- 『文藝思潮』 300호. 2015. 12. -

9. 사계절

아기방 네 폭 가리개는
봄, 여름, 가을, 겨울이
그림으로 이어져 있다

첫째 폭을 보면
아기가 꽃밭에서 나비를 쫓고

둘째 폭을 열면
곡식이 자라는 들판에서
농부가 트랙터로 밭을 갈고

셋째 폭을 넘기면
단풍 고운 산과 계곡에
온갖 열매가 탐스럽게 익고

넷째 폭을 살펴보면
하얗게 눈 덮인 마을에
실낱같은 저녁연기 오른다.

계절이란 어쩌면
네 폭 그림 가리개를
접었다가 펴는 것인지도 모르겠다.
　　-『월간문학』5월호. 2012.-

10. 산과 구름

하늘을 가던 구름이
산봉우리에 부딪혔습니다
"아이, 깜짝이야. 미안해."

산봉우리가 물었습니다.
"너는 왜 깨끗한 하늘에
 낙서를 하고 다니니?"

구름이 도리질을 했습니다
"낙서하는 게 아니야.
 걸레질을 하는 거야."

해님이 내려다보며
싱글벙글 웃었습니다
"고것들 참 귀엽네."
　　－『사상과 문학』2015.－

제4부
무슨 생각을 할까

1. 무슨 생각을 할까
2. 손은 관 밖으로
3. 전쟁
4. 두 마리 뱀
5. 비상구
6. 위로 흐르는 물
7. 말 많은 세상
8. 사람보다 착한
9. 돌하르방
10. 왕릉과 삽사리

1. 무슨 생각을 할까

로댕이 빚었다는
'생각하는 사람'은

한 손으로 턱을 괴고
무슨 생각을 할까

입을까 그냥 지낼까
옷 생각을 하겠지

연화대에 앉아 있는
'미륵반가사유상'은

한 손으로 턱을 괴고
무슨 생각을 할까

피고 지는 꽃을 보며
사는 뜻을 생각할 거야.
　　-『농민문학』 봄호. 2015.-

2. 손은 관 밖으로

그리스를 통일하고
이집트와 중동을 차지한
알렉산더는

인도까지 점령하고
세계를 한 손에 쥐려는 순간
풍토병으로 쓰러졌다

알렉산더는 눈을 감으며 말했다
"나의 두 손을 관 밖으로 내놓아라.
 내가 빈손으로 간다는 것을
 모두가 볼 수 있게!"

모두 그의 빈손을 보았다
세상을 다 가지려 했지만
갈 때는 빈손이었다.
그의 나이 32살 때였다.
　　　－『다온문예』여름호. 2015.－

3. 전쟁

신호탄이
공중에 수를 놓고
조명탄이
산과 들을 밝히면서

따다당, 따당, 쿵쾅!
총소리, 대포 소리
꽈르릉, 꽈광, 꽝!
비행기 소리, 폭격 소리

하늘과 땅과
바다를 무대로 한
관현악의 연주다
삶과 죽음의 향연이다.

-『마포문학』 2015. -

4. 두 마리 뱀

어리석은 뱀 두 마리가
서로 잡아먹겠다고 덤볐어

나는 네 꼬리를 물고
너는 내 꼬리를 물고는

잡아먹기 시작했지 뭐야
서로 상대를 삼키는 거야

어! 뱀이 모두 어디 갔네?

서로가 서로를 잡아먹어서
둘 다 없어지고 말았지 뭐야.
　　-『문학과 통일』 창간호. 2015.-

5. 비상구

시골 할머니네 집
대문 문지방 밑에는
개구멍이 있어요
개만 드나드는 비상구

아빠 회사에도 있어요
문 위에 비상구라 쓰고
도망치는 사람을 그려 놓은

일제의 압제와 6·25전쟁
살아남기 위해
몰래 드나들던 비밀구멍
비상구라는 이름의 탈출구

왜 아직도 출입문이 그런 구멍일까요
짓눌린 삶의 무게에서
도망치고 싶은 마음일까요

아빠가 계신 사무실 문은
태평문이었으면 좋겠어요
불로문이었으면 더 좋겠지요.
  -『문학타임』겨울호. 2013.-

6. 위로 흐르는 물

물은 아래로 흐른다지만
위로 흐르는 물도 있다

뿌리가 빨아들인 물은
줄기를 따라 올라가서
물관을 타고 위로 흐른다

위로 흐르면서 가지를 내고
위로 흘러가며 잎을 피우고
위로 흘러가서 열매를 맺는다

산과 들에 자라는 풀과 나무
땅덩이를 푸르게 덮는 밀림도
위로 흐르는 물이 가꾼다.
   -「제2회 난빛시낭송회」 2015. 11. 21.

7. 말 많은 세상

개를 데리고 산책을 해도
곱게 안 보는 사람의 말

개와 나란히 걸어가면
개와 같은 사람이라 하고

개보다 앞서 걸어가면
개보다 더한 사람이며

개를 뒤따라 걸으면
개만도 못한 사람이라나

말로써 말 많은 세상에
개처럼 짖는 사람의 말.
　　-『모던 포엠』 3월호. 2016.-

8. 사람보다 착한

누군가가 갓난아기를
쓰레기통에 버렸다

먹이를 찾던 들개가
아기를 물고 갔다

숲 속으로 가서
젖을 먹이고 있었다

사람에게 버림받은 개가
사람이 버린 아기를 키운다

개만도 못한 사람의 세상에
사람보다 착한 개가 있었다.

-『모던 포엠』3월호. 2016.-

9. 돌하르방

제주도의 돌하르방은
사람 모습을 하고 있는
남자의 거시기입니다

바다가 삶의 터전인 제주도는
집에 있는 사람보다
바다에 잠든 남자들이 많았기에
밤이 길고 무서운 여자들은
마음을 기댈 곳이 없었습니다

남자의 거시기를 본떠서
벙거지 쓴 돌하르방을 만들어
가까이 두고 위안으로 삼은 것이
어느덧 수호신이 되었습니다

동구 밖에 세워 두면
마을을 편안하게 감싸 주고
대문 앞에 세워 두면
집안을 지켜 준다고 믿었습니다

남자 없는 마을을 품어 안고
여자뿐인 집안을 지켜 주는
거시기 모양의 돌하르방

제주도에서만 수천 년을 살며
바람 많은 섬마을에서
밤이 길고 무서운 여자들의
마음을 다독거려 주고
모두의 연인이 된 돌하르방

제주도의 돌하르방은
사람 모습을 하고 있는
남자의 거시기입니다.

-『현대문예』 봄호. 2016.-

10. 왕릉과 삽사리

경기도 고양시 원당동에 있는
공양왕의 능이라는 무덤 앞에는
돌로 다듬은 삽사리가 앉아 있다

고려의 마지막 임금 공양왕은
나라를 잃고 귀양길에 오른다
따라나섰던 신하들은
날이 갈수록 굶주리고 지친 데다
생명의 위협마저 느껴 모두 왕을 버리고 떠났지만
삽사리는 끝까지 따랐다

고양 땅 외진 곳에 도착한
공양왕 부부는 더는 견딜 수 없어
야산 기슭 연못에 몸을 던졌다

혼자 남은 삽사리는 밤낮 연못을 들여다보며
한없이 울다가 굶어 죽었다
지나던 나무꾼이 이를 보고
왕의 주검을 거두어 산기슭에 묻고
돌로 삽사리를 다듬어 저승길에서도 왕을 모시라며
무덤 앞에 세운 것이라 전한다.
　　-『현대문예』봄호. 2016.-

제5부
푸른 내일을 위하여

1. 새 영광을 빕니다
2. 어른과 어린이
3. 서울교육의 깃발
4. 우리는 하나
5. 푸른 내일을 위하여
6. 독서·논술의 길잡이
7. 힘차게 앞으로
8. 우리의 아리수는
9. 새로운 이정표를
10. 더욱 찬연한 내일을

1. 새 영광을 빕니다
－延世學堂 創立 十三周年을 祝賀하며－

연세학당이 세워진 지 어언 십삼 년
빼어난 영재들을 살뜰히 가르쳐서
조국의 동량으로 가꾸어 내보내며
사회교육 도량으로 우뚝 선 오늘
우리 모두는 그 큰 보람을 기리며
이렇게 자리를 함께하였습니다.

옹달샘은 숲 속에 혼자 있어도
수많은 별들이 찾아와 잠기듯
배움에 목마른 수많은 탁재들이
다투어 찾아와 갈증을 호소하면
별이 되고 샘물이 된 연세학당
당신은 곧 애육의 원류였습니다.

골짝 물은 말없이 숨어 흘러도
꽃향기 새소리가 함께 실리듯,
연세는 은혜로운 배움의 젖줄로서
교화의 근본으로 인류를 밝혀 주고
학문을 연마하는 크나큰 배움터
그것이 남다른 자랑이었습니다.

애육의 원류로서 은혜로운 배움터로
십삼 년 닦아 오신 튼튼한 반석 위에
다가올 새 천 년을 앞서서 열어나갈
연세는 만세초석 새 교육의 이정표
이 빛난 보람 위에 새 영광을 빕니다.

-1999. 6. 10.-

2. 어른과 어린이
-어린이날을 없애지 마세요-

흔들흔들 나무를 보면
어른은 바람이 부는구나 하지만
어린이는 신나게 춤을 춘다고 한다.

팔랑팔랑 나비를 보면
어른은 애벌레의 피해를 염려하지만
어린이는 날아가는 꽃이라 한다.

반짝반짝 별을 보고
어른은 우주에 떠 있는 돌덩이라 하지만
어린이는 하늘 마을의 등불이라 한다.

휘영청 달을 보고
어른은 분화구와 우주선을 떠올리지만
어린이는 계수나무 옥토끼를 노래한다.

알락달락 무지개가 뜨면
어른은 가뭄이 들겠다고 걱정하지만
어린이는 선녀의 색동옷을 상상한다.

일 년에 단 하루 어린이날이면
어린이들은 마음에 날개를 다는데
어른들은 공휴일에서 제외할 궁리나 한다.
　　-「색동회」. 2003. 5. 5.-

3. 서울교육의 깃발
  －서울교육의정회보 창간을 축하하며－

사랑과 꿈으로 가꿔 온 교단이
개혁이란 이름의 무지한 폭력으로
허물어지기 시작한 지도 수 개년,
우리는 절망과 갈등에 허덕여 왔다.

이 땅을 유린하던 일제가 물러간 뒤
'아는 것이 힘이다. 배워야 산다'고
허리띠를 죄며 소망의 푯대를 세우고
민족교육의 텃밭을 일군 지 반백 년,

스승은 제자를 자식처럼 아끼고
제자는 스승을 군사부일체로 받들며
믿음과 사랑으로 꿈의 무지개를 좇아
교육입국, 한강의 기적을 노래하던
보람차고 행복했던 때도 있었건만,

이제는 그것이 아니라고 한다
낡았으니 바꿔야 한다는 미명 아래
제자를 사랑으로 이끌던 스승은
수청방(守廳房) 청지기로 전락하고
신뢰와 존경의 상대였던 사제 간은
수요와 공급의 거래 관계가 되었다

이래선 안 된다. 길이 아니다
교육의 바탕은 꿈과 사랑이다
잃어버린 꿈과 사랑을 다시 찾아
흔들리는 교권을 반석 위에 세우자.

수도 교육은 우리 교육의 얼굴
복되고 자랑스러운 내일을 위해
서울교육의정회는 횃불을 들고
참교육 재건에 견인차가 되리라.

　-2004. 3.-

4. 우리는 하나
－지역문학교류대회를 축하합니다－

벗은 나무 빈 가지에
햇살이 시리다
낙엽이 오소소 떨며
양달 찾아 몰려간다

글(文)은 빛이지만
그 빛을 잃어가고 있다
또다시 저무는 한 해
따스함과 밝음
그 광복(光復)을 위해
우리 함께 만나자.

글을 다루는 문사들이여!
빛고을 광주로 모이자
빛에 빛을 더하여
더 찬란한 밝음이 되자
더 정겨운 따스함이 되자

흩어져 있으면
반딧불일지라도
한데 모이면
어둠을 밝히는 등이 되고
희망을 향해 전진하는
크나큰 횃불일지니,

무등(無等)은 등위가 없는
그것은 절대 평등이라
천지동근(天地同根)
만물일체(萬物一體)로
우리는 하나가 아닌가

하나로 만나 하나가 되자
정해년 동짓달, 우리
새 빛(文)을 창조하자.

　-2007. 11.-

5. 푸른 내일을 위하여
-제17회 아시아 · 태평양 잼버리를 경축하며-

푸르름은 대지의 사랑,
찬란한 희망과 생명의 광채
우리는 거기에 향기를 더하는
인류의 꽃이고 희망인 것을,

자연은 우리들 영원한 은혜
그에게서 겸손을 배우고
이상과 기개를 더욱 높여서
더불어 서로를 가꿔 나가리니

오늘은 푸른 내일을 위해
이웃들이 한 캠프에 모였네.
자연과 하나로 손을 잡았네.
자랑의 환경축제--아 · 태 잼버리
　-1996. 8.-

6. 독서·논술의 길잡이
― '책 속에 꿈꾸는 아이들' 창간에 부쳐―

어느 위대했던 문장가는
빼어난 글을 쓸 수 있는 요건을
다독, 다사, 다작이라 했다

『책 속에 꿈꾸는 아이들』은
그것을 위해 태어났다
많이 읽고 많이 생각하고
많이 써 보는 일을 돕는
독서·논술의 길잡이로 왔다

많이 읽는 다독(多讀)은
인류가 애써 찾아왔고
연구해서 얻고 알아낸
지식과 기술과 지혜를
나의 것으로 만드는 방편이고

많이 생각하는 다사(多思)는
없던 것을 있게 해 주고
안 되는 것을 되게 하며
본디 있었던 것은 더 좋게
가꾸고 바꾸고 더하는
힘을 기르고 높이는 길이며

많이 쓰는 다작(多作)은
나의 경험과 생각을 모아
사랑의 마음으로 직조하여
아가타적(阿伽陀的) 도구로
새롭게 창조하는 활동인 것

『책 속에 꿈꾸는 아이들』은
읽고 생각하고 쓰는 일을
총체적으로 학습할
독서·논술의 이정표이며
훌륭한 견인차가 되리니,

우리 모두는 이제부터
『책 속에 꿈꾸는 아이들』과 더불어
독서·논술은 물론이고
모든 학습생활에서,

읽기는 줄줄, 생각은 술술,
쓰기는 쓱쓱, 할 일은 척척!
모범을 보이며 앞장서리라.

『책 속에 꿈꾸는 아이들』아!
더욱 슬기롭고 다정하여라.
당당하고 찬연하여라.
그리고 영원하여라.

너와 더불어
우리도 빛나리라.
우리 모두도 찬연하리라.
　　-2008. 3.-

※ 阿伽陀 : 無病, 不死, 無價의 靈藥. 비길 데 없이 귀중함

7. 힘차게 앞으로
―매거진 〈50⁺서울〉 창간을 축하합니다

오늘 우리는
수많은 갈채 속에서
풍요로운 내일을 다짐하며
매거진 〈50⁺서울〉이라는
새 이정표를 여기 세운다

그간 우리가 살아온
지난 반세기를 돌아보면
봄바람에 꽃망아리 같은
아리따운 사랑도 있었고

몰아치는 비바람에도
꿋꿋이 푸르름을 더하던
무성한 젊음도 있었다

매서운 눈바람 속에서도
가슴에 품은 기다림이 있어
살을 저미는 추위 속에서도
모든 것을 참아내기도 했다

하지만 그건 한생의 습작
서툴게 써 온 초고(草稿)였다

이제부터는 그동안
쌓아 온 지혜와
익혀 온 재주와
닦아 온 기술로

우리가 습작해 온 이야기를
보다 빛나게 이어 다듬어
더욱 값지고 보람되게
정서(精書)를 해 나갈 것이다

모두가 마음을 가다듬어
눈을 들어 앞을 바라보자
여명의 지평선 위로
내일의 태양이 떠오르고
새로운 역사의 광장이
미래를 준비해 놓고 있다

340만 서울 시니어들에게
새로운 비전을 불어넣는
인생 이모작 매거진〈50$^+$〉의
넓고 기름진 광장을 향해
모두 함께 손에 손을 잡고
힘차게 앞으로 달려 나가자.

　-2013. 12.-

8. 우리의 아리수는
 - '아리수' 창간 6주년에 부쳐-

아리수란 '이로움의 물'이란 뜻이다
반만년 빛난 역사를 관류해 오면서
사직을 받쳐 주고 겨레를 다독이며
배달의 얼을 우리 안에 정착시켜
오늘을 있게 한 강산의 대동맥(大動脈)

아리수는 우리 역사의 원류이다.
호태왕이 잔주(殘主)를 정벌할 때
처음 길을 열어 주었던 아리수(阿利水)
여기가 백제, 조선 건국의 터전이며
삼국통일을 위한 각축장이었던 한수(寒水)

아리수는 우리의 서정이고 사랑이다
이규보가 좋아했던 사평(沙平)과 서강(西江),
공민왕의 화폭에 실렸던 율도청람(栗島晴嵐)
강희맹과 성종이 읊었던 서호범영(西湖帆影)
모두가 지금은 유람선이 뜨는 명소(名所)

아리수는 우리 생명의 혈맥이다.
구르고 떨어져 산산이 부서져도
다시 뭉쳐 일어서는 불굴의 의지
담기는 그릇의 모양대로 보이지만
그릇 자체로는 되지 않는 성근(性根)

아리수는 조국 근대화의 무대이다
경제 대국의 기적을 이룩하고
세계로 비상하는 자랑스러운 물길
반만년 역사의 중심에 자리하고
우리 앞에 펼쳐져 있는 밀하(蜜河)

아리수는 우리가 먹는 생명의 물이다
이 한 컵의 물이 내 안으로 들면
수수만 갈래로 몸을 돌아 흐르면서
끊임없이 외치는 소리가 있다
세계가 탐하는 서울의 젖줄 감천수(甘泉水).

-2014. 7.-

9. 새로운 이정표를
―한국동요음악협회 창립 50주년에―

오늘 우리는 우렁찬 박수 속에
한국동요음악협회 창립 50주년을 맞아
「새 노래」의 이정표를 다시 세운다

십 년이면 강산도 변한다는 것은 옛말
오늘날은 5년이면 건곤이 바뀐다는
그 반세기를 동요를 위해 살아왔다
우리 동요음악협회 모든 가족들은

노랫말을 짓고, 좋은 곡을 붙이고
고운 목소리로 노래를 부르며
강산이 동요로 출렁이길 빌어 왔다

돌아보면 향기로운 꽃바람도 있었고
살을 에는 눈서리도 몰아왔지만
우리는 오로지 좋은 동요를 지어
가꾸고 펼치기에 몸과 마음을 다했다

동요는 푸른 숲이고 고운 꽃이며
맑은 물소리이고 영롱한 무지개이다
불러서 기쁘고 들어서 즐거운
행복의 기원이며 사랑의 표상이다

우리 모두는 새로운 마음으로
우리의 동요 「새 노래」를 부르며
황홀한 원역을 개척할 것이다

동요의 지평선 위로 여명이 트고
찬란한 역사의 광장이 밝아 오고 있다
우리 모두 어린이의 손을 잡고
아버지도 어머니도 「새 노래」를 부르자
할아버지도 할머니도 동요를 노래하자

동요는 마음의 때를 씻어 주고
젊음을 다시 찾아 활력을 줄 것이다

오늘 우리는 우렁찬 박수와 함성 속에
한국동요음악협회의 발전을 다짐하며
더 넓고 높은 이정표를 다시 세운다.

-2014. 12.-

10. 더욱 찬연한 내일을
-축, 마포타임즈 창간 14주년-

우리 지역 대표언론 마포타임즈가 어느덧
창간 14주년이라니 감개가 무량합니다.
마포타임즈는 항상 우리 곁에 있어
우리의 귀와 눈과 입이 되어 삶을 대변하고
올바른 여론 형성과 사회 계도의 선봉에 서서
정론직필의 귀감이 되어 왔으며
우리 지역의 역사와 문화를 오늘에 되살려
구민의 자존과 긍지를 높이기에 앞장서 왔습니다.
우리는 그것을 더없는 자랑으로 생각합니다.

예를 든다면 마포에서 가장 많은 세월을 보낸
토정 이지함의 정신을 기리는 일입니다
토정 이지함은 마포동 한강 가에 흙집을 짓고
곤궁한 백성들과 고락을 같이했던
목민관의 표상이며
나라의 장래와 민족의 운명을 진심으로 걱정했던
선도(仙道)의 대가이고 위대한 인본철학자로서
세기적인 기인(奇人)이고 선각자였습니다
그러나 그는 역사의 뒤편으로 밀려나 있었습니다
그것을 안타까이 여겨 그의 정신을 고양코자
마포타임즈는 온갖 어려움 속에서도
토정학술대회와 토정백일장을 개최해 왔습니다

발행인 김춘식 사장의 우직한 용단이었습니다

또 세도정치와 탐관오리들의 가렴주구로
나라가 혼란하고 백성들이 도탄에서 헤맬 때
몰락한 왕손으로 목숨을 부지하기 위해
상갓집 개라는 수모도 너털웃음으로 받아넘기며
아들 명복에게 은밀히 제왕학을 가르쳐
왕국의 중흥을 도모했던 흥선 대원군이
통한의 나날을 보냈던 염리동의 아소정
그 역사적 자취가 지워진 것을 안타까이 여겨
버려진 하마비 하나라도 찾아내 보전케 한 것이
마포타임즈 발행인 김춘식 사장입니다

조선 시대 마포나루는 한양의 관문이었고
양화진은 군사적 요충지였으며
강안(江岸)의 풍광이 빼어난 경승지로
수많은 선현들의 별장과 정자가 세워져
제일강산 서호 팔경의 무대가 되어 왔기에
중요한 사적지와 일화가 무성한 고장이지만
아무도 거두지 않고 무관심해 온 것을
오직 마포타임즈만이 그것을 안타까이 여겨
마포 명승지를 높이고 기리는 찬양시를 찾아

오랜 기간에 걸쳐 연재하기도 했습니다

뿐만 아니라, 우리 역사의 대동맥 아리수
산업과 교통과 관광과 생활용수로
조국 근대화의 기적을 창출한 주역으로서
천만 시민의 휴식공간과 생명줄인 한강을
더욱 소중히 다듬고 가꾸는 일에도 힘을 써
계간지 『아리수』도 간행 · 보급하고 있습니다.

그래서 마포타임즈는 작은 언론이지만
참으로 크고 우뚝한 우리의 자랑이라
그 고귀한 뜻과 찬연한 성과에 큰 박수를 보내며
더욱 무궁한 앞날의 발전을 기원합니다.

　　-2015. 9. 11.-

제6부
우뚝했던 애육의 푯대

1. 과꽃을 심으면
2. 엄마의 소망
3. 삭풍에 더욱 푸른 장송처럼
4. 한 송이 푸른 연꽃
5. 무량수를 누리소서
6. 우람한 나무
7. 황금찬, 백수연
8. 부디 만수무강하소서
9. 대지를 적시는 단비
10. 우뚝했던 애육의 푯대

1. 과꽃을 심으며

과꽃의 한 알 씨앗은
검불처럼 하잘것없지만
싹이 터 자라 꽃을 피우면
고운 빛깔과 맑은 香氣로
우리 모두에게 기쁨을 주지요.

살아가는 이치도 이와 같아서
하잘것없는 작은 情이라도
가슴에 심어 가꾸어 나가면
크나큰 사랑의 香氣로 피어나
우리의 삶을 즐겁게 해 준다오.

석오 이영호 형은 일찍이
생활문학의 큰 뜻을 품고
모든 이의 마음밭에 시심을 심어
세상을 아름답게 가꾸는 길에
육십 평생 신명을 다해 왔기에
그의 꽃밭은 참으로 찬란하오.

우리 모두는 석오와 함께
호미를 잡고 꽃밭으로 가려 하오.
　-〈石吾 兄의 華甲에 부쳐〉. 1996.-

2. 엄마의 소망

아기가 있던 곳은 어두운 엄마 배 속
열 달을 지낸 뒤 세상으로 나오던 날
뜰 안에 내린 햇살도 금빛으로 뵈더이다

요람을 벗어나서 배밀이로 기어가며
방안에서 거실로 영역을 넓혀가니
엄마의 푸른 소망이 날개를 펴더이다

아장아장 걸음마로 대문 밖을 나서던 날
아득한 수평선에 돛배 한 척 떠오르고
은은한 시조 가락이 무지개로 뜨더이다.

-〈오승희 華甲文集 2001.〉-

3. 삭풍(朔風)에 더욱 푸른 장송처럼

당신은 고려 두문동 72현 二憂堂의 예손
상송결조 그 고결한 현자의 얼을 이어
역사의 계곡에 옥류가 되겠다는 결의로
스스로를 史溪, 玉流山房主人이라 이름하고

일찍이 아무도 눈길조차 주는 이 없어
버려져 황폐만 했던 아동문학의 영토에
보습을 가다듬어 김매고 북 주기 반세기

아동문학개론과 한국현대아동문학사
아동문학의 이론과 한국아동문학연구
세계아동문학사전 발행 등의 저작물로
불모의 땅에 이정표를 세우셨으며

우리 아동문학의 좌표와 진전을 위해
아세아 아동문학대회를 창설하였고
이를 세계아동문학대회로 격상시켜
한국아동문학 세계화에 기여했습니다.

이번 고희기념학술문집 또한
정년기념논총과 화갑기념논총에 이은
세 번째 한국아동문학작가작품론으로
이것이 곧 아동문학의 현주소입니다.

그만큼 이상도 높고 욕심도 많아서
저승문 앞에서도 일이 남아 돌아와서는
누구도 따를 수 없는 끈기와 집념으로
아동문학의 박토를 옥토로 바꾼 당신,

신사년 문화의 달, 고희를 맞이하면서
성운으로 자리한 문사들의 축복 속에
또다시 풍성하게 수확하였습니다.

추국은 서리 속에 향기를 더하고
장송은 삭풍 속에 더욱 푸른 법,
당신이 해야 할 일 아직 남았으니
그 뜻 다할 때까지 학수를 누리소서.

　　-〈李在徹 古稀宴〉. 2001.-

4. 한 송이 푸른 연꽃

진흙 속에 피어나도 청아한 고운 자태
가까이에서보다도 멀수록 깊은 향기
당신은 청하입니다. 한 송이 푸른 연꽃.

줄기는 속을 비워 사심이 전혀 없고
가지를 두지 않아 흔들림을 미리 막는
연꽃은 그러합니다. 외줄기 곧은 꽃대.

원만과 자비광명을 상징하는 둥근 잎은
물방울을 튕겨 내며 티끌도 허용치 않는
그것이 청하입니다. 고고한 칠순 노사.

학계의 대학자로 후학을 기르시고
빼어난 문장가로 만인 앞에 우뚝하신
청하는 큰 빛입니다. 한국펜의 이정표.
　-『成耆兆 古稀記念文集』 2003.-

*청하(青荷) : '푸른 연꽃'이란 뜻. 성기조 님 호.

5. 무량수를 누리소서

성씨가 '큰 소리 오'(吳)라 목소리가 우렁차고
함자가 동춘(東春)이니 빛과 삶의 근원이라
당신이 임하는 곳엔 새 생령이 열리었죠

말과 글은 자존이고 민족의 정신이라
그것을 못 지키면 자신마저 잃는다며
오로지 한글 사랑에 전력해 온 큰 스승

의식 때는 애국가를 끝까지 다 부르고
짚신정신 받들어서 민족의식 높이자며
문학도 민족 시가만 고집하는 노시인

전국에선 장로연합 으뜸 자리 부회장에
지역에선 화성교회 시무장로 위치이니
하나님 사랑 속에서 무량수를 누리소서.

-「吳東春 古稀宴」2006.-

6. 우람한 나무

팔순 고갯길에 나무 한 그루 섰습니다.
비우면 새것으로 채워지는 이치와
버리면 더 많은 것이 온다는 진리를
혼신의 실행으로 보여준 표상이기에
바람 앞에서 더욱 우람한 산목입니다.

이러한 산목(散木) 함동선 선생님은
명문벌족 강릉 함씨의 후예로서
황해도 연백(延白)에서 태어나서
일찍이 문학의 길에 들어선 후

빼어나게 신선한 감각에다가
심오한 동양사상을 바탕으로 한
한국적 정서를 섬세하게 그려 내어
만인의 심금을 울리는 시를 써 왔고

대학 강단에서 후학을 가르치면서
촌철살인의 예리한 평필을 들어
우리 문학의 이정표를 제시해 왔기에
한국 문단에 큰 자취를 남겼습니다.

그러나 산목(散木)은 빈 나무입니다
열매는 굶주린 새의 먹이로 주고
잎은 어린나무 추울까 덮어 주고
자신은 빈 가지를 하늘로 쳐들어
이타(利他)를 위해 합장한 나무입니다.

　　－『咸東鮮 八旬記念文集』 2008. －

7. 黃錦燦, 白壽宴

설산보다도 높았다던 보릿고개
어릴 적 그 준령을 넘으면서
마음을 다스려 시의 길로 드셨고

그 고개를 넘던 때의 뚝심으로
백수 영마루에 오르신 지금은
황금빛 찬란한 비단길이십니다

한 줄기 빛이 있어 누리가 밝고
한 송이 향기로운 꽃이 피어
가슴에 맑은 영혼이 스며들 듯

우리 한국 문단의 거목으로
우뚝하게 자리한 영원한 이정표
황금찬 선생님! 백수를 찬(讚)합니다.
　　－「黃錦燦 白壽宴」 2016.－

8. 부디 만수무강하소서

큰나무골 고수동에 샘물이 솟았습니다
고려 명종 때 예부상서였던
시조 거(琚)와 이 세 상서 **挺堅**(정견)에 이어
삼 세 **李瓊**(이경)에 뿌리한 샘이었습니다.

샘은 싱그러운 풀 내음과
고운 들꽃의 향기를 싣고
계류가 되어 흘러내렸습니다.
계류는 맑아 옥류라 하였습니다
달빛이 잠겨 월계가 되었습니다
옥류산방인, 월계장주인--이재철.

옥류·월계는 수많은 지류를 거느리고
쉼 없이 광야를 달리며
어느덧 한바다를 향하여
청사를 관류하는
크나큰 강줄기가 되어 있었습니다.

불사이군의 충의를 지킨
두문동 칠십이 현 중 한 분인
二憂堂(이우당) **李瓊**(이경)의 25세 손답게
나라가 위기에 처했을 때는

조국의 간성으로 피를 흘려
찬란한 무공을 세웠고

대학의 강단에서는 사자후를 토하고
문단에서는 개척의 삽을 들어
후학을 기르시기에 열정을 다했으며
소파 선생의 어린이 문화 구국운동을
오늘에 되살리기에 심혈을 다했습니다.

공교롭게도 신미 추절의 그날은
소파가 가신 지 석 달이었지요
모든 것을 다 빼앗긴 빈 들녘에
사랑하는 어린이들을 어이할거나
차마 눈 감지 못하고 떠나신
소파의 부활처럼 사계가 오셨습니다.

그것을 실증이라도 하듯이 사계는
「'어린이' 잡지와 소파의 구국운동」
「어린이날의 기점과 제정정신」
「민족주의와 아동문학의 정통성」 등
소파의 발자취를 더듬어 정리하는 한편

황폐한 소파의 묘소를 가꾸고
비문을 손수 써서 묘비를 세우고
방정환 아동문학상을 제정하는 등
소파의 어린이 문화 구국운동을

혼신으로 이어서 실천해 왔습니다.

또 남들이 생각 밖으로 돌려 온
아동문학의 영토를 일구고자
『광복아동문학사』를 시작으로
『아동문학과 어린이운동』
『한국아동문학개론』을 쓰고

아동문학 평론 부재의 땅에
『아동문학평론』지를 창간하여
비평문학의 이정표를 세웠으며
수많은 문사를 길러 내시니
문하에는 오늘을 주름잡는 준재들이
우람한 별자리로 떠올라
사계의 모습은 더욱 우뚝합니다.

그러면서도 문단과 강단에서
남들이 피하는 어렵고 힘든 일은
도맡아 하시다가 건강을 잃어
이승과 저승을 넘나드는 길목에서
다섯 번의 입원 수술을 하고도
반만년 우리 역사상 처음으로
『세계아동문학사전』을 완성했고,

아세아 아동문학자대회를 창설
매년 국제대회를 주도하여

우리 아동문학의 세계화를 위해
고군분투하고 있을 뿐만 아니라
선린외교에도 큰 몫을 하고 있으며,

평생의 숙원사업으로 정한
세계아동문학관 건립을 위해
지금도 동분서주하고 있으니
사계의 초인적인 활동과
상상을 초월한 열정에는
감복을 금할 길이 없습니다.

이제 머잖아 역사의 강줄기 사계는
세계를 싸안는 한바다가 되어
그가 세운 높은 뜻이 천강 만호에
찬연한 월인으로 비추어져
하늘만큼 푸르고 영원할지니
부디 그날까지 만수무강하소서.

　　-『李在徹 停年退任 紀念 論叢』1997.-

9. 대지를 적시는 단비

신경철 교수의 필명 신길우(申吉雨)는
'펼 신(申), 좋을 길(吉), 비 우(雨)'라
대지에 단비로 만물을 소생시킴이니

높은 학문과 지혜는 문하생의 가슴마다에
감우로 스며들어 강단을 푸르게 가꾸었기
우러러볼수록 더욱 고고하고 청정합니다.

천고왕첩(千古往牒) 많은 서책을 섭렵하고
시공을 초월하여 갈고 닦은 심오한 지혜를
혼원(混元)의 새 빛으로 후학에게 펼쳤기에

학자로서 문사로서, 또 문화연구가로서
스스로 채찍을 얹은 절차탁마 한평생은
망칠(望七)의 영마루에 무지개로 떴습니다
  －「申吉雨 退任」祝詩. 2006.－

10. 우뚝했던 애육의 푯대

병자 칠월 안동 웅부 법상동에
작은 물줄기 하나 솟았습니다
충효와 절의에 빛나는 명문벌족
안동 권씨의 심원한 샘에 뿌리한
권기상 교장이 바로 그였습니다

물줄기는 내를 이뤄 흘렀습니다
노래하는 냇물은 가만히 흘러도
풀빛과 꽃 내음이 저절로 실리어
기쁨과 사랑을 함께 나눠 가지듯
권 교장은 다감하고 후덕한 향기로
우리에게 기쁨과 사랑을 주었습니다.

생각하면 짧고도 긴 세월이었습니다.
교장 선생님이 첫 교단에 서신 때는
쌍팔년 삼월 어려운 때였습니다
힘들게 자라나는 어린이들에게
노래와 사랑으로 희망을 주었으니
음악으로 살아오신 우리의 권 교장은
자랑스런 애육의 원류가 되었습니다

첫 부임 교부터 음악 연구 공개를 했고
계속된 어린이와 어머니 합창 지도로
서울 초등 음악교육을 선도해 왔으며
현장교육 연구만으로도 여섯 차례나
큰 상을 받아 선망의 대상이었습니다.

다가올 새 천 년을 노래로 열어나갈
새 교육의 이정표를 우뚝하게 세우시고
신명을 다 바쳐 온 반세기 사도의 길,
이제는 그 모두를 추억 속에 묻어 둔 채
교단을 떠나시는 권기상 교장 선생님
그 빛난 보람 위에 새 영광을 빕니다.

- 「권기상 퇴임식」 1999. -

제7부
새 천 년을 맞이하며

1. 새 천 년을 맞이하며
2. 정해 새해에는
3. 횃불에 기름을 더하자
4. 갑오 새 아침에
5. 을미 새날을 맞아
6. 임의 뜻을 기리며
7. 하모니카 할아버지께
8. 눈솔의 높은 뜻을
9. 짚신을 예찬함
10. 대비수중고혼

1. 새 천 년을 맞이하며

묘목을 가꾸었다. 겨레의 텃밭에
눈물겹도록 뜨거운 원역을 받들어
세파의 매운 채찍도 혼신으로 감내하며
내일 宇宙의 종말을 맞이할지라도
오늘은 한 그루 사과나무를 심겠다는
간절한 소망으로 김매고 북 주어 왔다

비바람이 몰아왔다. 교육의 텃밭으로
세계화의 바람이고, 개혁의 풍림이었다
울창한 겨레의 숲을 바랐던 우리의 비원은
광란의 격류에 휘말려 지향 없이 표류했다

옛날 왕세자를 가르치던 사부는
스승 존경이 학문을 닦는 첩경임을
제일 소중히 받들어 실천 궁행케 했으며
입산 수도승은 초동으로만 지냈어도
지성으로 스승을 존경하고 섬김으로써
저절로 깨우쳐 득도를 했다는데
이제는 아니란다. 바뀌어야 한단다

순종의 미덕은 폐물로 버려진 지 오래
사존의 덕행마저 유품으로 접어 얹고
수요자와 공급자라는 새로운 가치관으로
스승과 제자는 한순간에 자리가 바뀌었다

날개를 달고 푸른 하늘을 비상하려면
알을 깨는 진통이 있어야 한다지만
개혁의 격랑은 너무도 큰 진통이었다.
그러나 세월보다 깊은 무덤이 또 있으랴,
아픈 기억은 저무는 천 년에 묻어버리고
부러진 호미를 찾아 텃밭을 다시 다듬자.

불탄 잔디밭에는 속잎이 눈을 뜨고
해진 살갗에는 새살이 돋기 마련인 것,
우리 모두 서로의 상처를 어루만지며
새 천 년, 새 아침, 새 출발을 다짐하자.
　　－『서울교육 새 물결』 제22호. 2000.－

2. 정해 새해에는

정해년 새해가 밝았다.
새해 새날인 오늘은
모두가 허리띠를 죄고
새 각오로 감발을 하자

어둠에 묻힌 형제들을 찾아
삶을 밝혀 주는 등불이 되고
추위로 웅크린 이웃들에게는
모닥불 되어 마음을 녹여 주자.

우리가 처음 태어났을 때
하늘은 세상을 새로이 열고
할 일을 마련해 주었지

그 은혜로움을 받들어
모두가 열심히 노력하며
부지런히 살아왔지 않느냐?

새해에는 너와 나 다 함께
더욱 행복한 미래를 위해
수수만의 밝고 따스한
등불이 되고 모닥불 되자.

동강 난 강토를 끌어안고
등을 돌린 아픔의 나날
크나큰 이 상처를 꿰맬
실이 되고 바늘이 되자.

정해 새해 우리 모두는.
　-「소년한국일보」 신년시. 2007.-

3. 횃불에 기름을 더하자

정해년 새해가 밝아 온다
정(丁)은 불이고 해(亥)는 돼지이니
올해는 더욱 높은 열정과 신념으로
서울교육의 횃불에 기름을 더하자

'아는 것이 힘이다. 배워야 산다'며
간절한 소망으로 허리띠를 죄면서
새 교육의 텃밭을 일군 지 예순두 해

한때는 한강의 기적을 외치면서
희망과 도전으로 구슬땀을 쏟으며
자존의 교육입국을 노래하기도 했고

어느 때는 신뢰와 존경의 사제 간이
수요와 공급의 거래 관계로 바뀌어
스승이 청지기로 전락한 적도 있었지만

그것을 타산지석으로 삼아
보다 힘 있고 행복한 내일을 위해
우리 모두는 지금 새 길을 닦고 있다

값진 민족자원으로서의 학생들을
새 역사를 창조해 갈 주인으로
슬기롭고 유능하게 가꿀 것이며

인성을 갖추고 창의력을 높여
지구마을 인간가족의 주역으로서
세계 속에 우뚝이 세울 것이다

서울교육은 한국 교육의 주초
행복하고 자랑스러운 내일을 위해
우리 십만 교육 가족 모두는
서울교육 재건에 견인차가 되리라.
　　-「서울교육소식」 신년시. 2007.-

4. 갑오 새 아침에

갑오년 – 청마의 해
푸른 갈기를 휘날리며
새 아침이 밝았다

혼원이 처음 열려 오던
그날의 여명처럼
우련하게 밝아 오는
아득한 천평선을 바라보며
푸른 말이 고개를 쳐든다

말은 물러섬이 없다
끊임없는 전진으로
내일의 광영을 위하여
앞으로만 달려갈 뿐이다

우리 모두도 청마가 되어
시린 상처를 다독이고
암울한 현실을 지우며
밝음이 충일한 원역(願域)을
바람처럼 달려 나가자

추위와 어둠을 몰아낼
횃불을 높이 들고
찢어진 강토를 기워 낼
바늘과 실이 되자

아픔과 고뇌를 치유할
따스한 사랑이 되고
굶주린 형제를 구해 낼
구휼(救恤)의 손길이 되자

청마는 행운과 서기의 상징
우리 모두 푸른 복지를 향해
마음을 다잡고 발을 맞추는
희망이 충만한 새해가 되자.
 -「고양시청 관보」 신년시. 2014.-

5. 을미 새날을 맞아

을미년 - 청양(靑羊)의 해
찬연한 여명(黎明)이 텄다
희생과 평화의 표상인 양이
푸른 대지를 향해 머리를 쳐든다

오늘이 춥고 어두울지라도
내일은 달라질 것이라는
기대와 소망이 있기에
삶의 광채는 흐려지는 법이 없다

한동안 쌓여 온 난제(難題)들이
한꺼번에 드러나면서
불신과 갈등으로 마음 아팠던
묵은해는 서산으로 기울고
을미년(乙未年) - 양의 해,
길상(吉祥)의 새 아침이 밝았다

양은 백의민족(白衣民族)의 표상
순결하고 선량하여 욕심이 없고
무리 지어 살지만 다툼이 없으며
오직 화목과 평화만을 지향한다

이제 우리는 달라져야 한다
갈등으로 얼룩진 옷을 벗고
모두가 순백(純白)의 양이 되어
지평선을 향하여 달려 나가자

손에 손을 맞잡고 하나가 되어
새 아침 새 마음 새 사람으로
새 역사의 이정표를 세우자.
 -「마포타임즈」 신년시. 2015.-

6. 임의 뜻을 기리며

한목숨 있는 법이 불꽃같은 것이라면
임은 스스로를 태워서 미혹을 밝혀 온
육영의 한길에 찬연한 빛이었습니다

한세상 사는 것이 향기 같은 것이라면
임은 배움의 기쁨을 모두에게 나누어 준
사학의 원역에 상서로운 향기였습니다

그 빛과 향이 떠나시는 오늘은
청산도 숙연히 머리를 조아리고
단풍도 눈물이듯 소리 없이 집니다

우리는 가슴 저미는 슬픔을 삼키며
천지 정령에게 임의 명복을 비오니

임이 가시는 천수국, 그 영생의 길에는
지금 오색이 찬란한 꽃비가 내리고
만 리 난향이 누리에 넘치옵니다.

이제는 세속의 곤한 일 다 잊으시고
주님의 품 안에 평안히 잠드시옵소서
이생에서 다 못 하신 임의 큰 뜻은
저희들이 받들어 길이 이어 가오리다.
　　－「朴仁出 永訣式」2000.－

7. 하모니카 할아버지께

당신을 보낸 지도 어느덧 한 돌입니다
세월처럼 깊은 망각의 무덤은 없다지만
우리는 잊을 수 없는 정을 기리며
오늘 다시 이 자리에 모였습니다

한세상 산다는 것이 불꽃같은 것이라면
당신은 어린이들을 밝히는 횃불이었습니다
그들이 있는 곳이면 어디나 당신이 있어
요술 하모니카를 보이고, 이야기를 해 주고
즐거움과 행복을 나누어, 꿈을 가꾸었습니다

한목숨 있는 것이 향기 같은 것이라면
당신은 참으로 고운 모두의 향기였습니다
가는 곳마다 어린이들이 구름같이 모여들어
날개 고운 나비들이 꽃밭을 찾아 꿀을 따듯
만족과 기쁨을 얻고, 희망을 품었습니다

그렇기에 당신은 떠나도 우리 곁에 있습니다
이 땅의 수많은 어린이들 가슴속에 살아 있고
당신을 기리는 우리들 속에 남아 있습니다

"옛날에 어린이를 운명처럼 사랑한 할아버지가 살았
 어요.
 우리는 그를 하모니카 할아버지라고 불렀습니다."

당신이 살아생전, 하얀 수염에 인자한 미소로
어린이들에게 동화를 들려주던 그 모습을 따라
우리는 이렇게 당신을 이야기하고 있습니다

하지만 하모니카 할아버지는 정녕 떠났습니다
당신이 가신 하늘나라, 영생의 천수국은
오색이 찬란한 어느 숲 속, 영천의 샘가에서
항아가 날개옷을 나부끼며 금동이로 물을 긷고
계수나무 그늘에서 옥토끼가 떡방아를 찧는 나라

당신은 번데기만 한 하모니카를 손에 감추고
찬란한 별 물결이 반짝이는 은하수 강변에서
지금쯤은 하늘나라 어린이들을 모아 놓고
견우직녀의 아름다운 사랑 이야기를 들려주겠지요

우리는 오늘 다시 가슴 저미는 슬픔을 삼키며
천지 정령에게 당신의 명복을 비옵니다
당신이 다하지 못한 뜻은 우리가 이어 받들어
이 땅의 어린이들을 위해 신명을 다하오리다
이제는 세속의 고단한 일 다 잊으시고
부처님의 품 안에서 평안히 잠드소서.
　　-「하모니카 할아버지 일주기」 2002.-

8. 눈솔의 높은 뜻을

눈솔 정인섭 선생님!
어느덧 백로를 지나 추분이 다가옵니다
이 가을도 금방 가고 곧 겨울이 오겠지요
겨울을 생각하면 눈솔이 떠오릅니다

새하얀 눈에 덮인 푸른 솔가지는
청초함과 순결함이 하나로 어울려
상송결조(霜松潔操)의 고매한 자세와 절의가
선생님의 모습이었기 때문입니다

그래서 저희들은 숙연한 마음으로
송강의 옛 시를 조용히 읊조려 봅니다

-송림에 눈이 오니 가지마다 꽃이로다
-한 가지 꺾어내어 임 계신 데 보내고저
-임께서 보신 뒤에야 녹아진들 어떠리

송강은 백설에 덮인 청솔, 그 가지를 꺾어
임금님께 바치고자 했습니다
눈솔 선생님이었다면
임이 아니라 어린이였을 것입니다
선생님의 어린이 사랑은

임금을 향한 신하의 충성과 대등했으니까요

돌이켜보면 어느덧
한 세기에 가까운 지난날이었군요
와세다 대학에서 큰 꿈을 가꾸던 1923년
도쿄의 허름한 하숙방에서 소파와 만나
헐벗고 굶주리는 우리 어린이들을 생각하며
색동회 동인이 되어 어린이운동을 다짐하고

일제의 침탈로 거덜이 난 땅에서
노상방초처럼 자라는 어린이들에게
정서를 풍요롭게 꿈을 가꿔 주려고
어린이 문화운동에 진력해 왔습니다

그래서 일제에 설움 받는 우리 어린이들을
계모에게 핍박받는 착한 공주에 비겨
백설공주를 극화하여 구국정신을 일깨웠고

어린이들의 행복과 재능계발을 위해
토요예능학교를 세우고 학교를 순회하면서
동요와 동화를 들려주고 함께 놀아 주었으며
우리가 유엔 아동권리협약국이 되게 했지요

선생님은 영문학자였고 한글학자였으며
대학 교수로서 한국과 영국과 일본을 오가며
후학들을 가르치시기에 쉴 틈이 없으셨지만
오직 일편단심은 어린이 사랑이었지요

6·25 후에는 침체된 색동회 재건을 위해
색동회 어린이 운동사를 집필하고
시와 수필을 쓰고 평론과 번역을 하여서
인세와 고료를 색동회 재건에 투자했습니다

색동회 재건 후에는 동화 구연 방송을 하며
어린이와 어머니 동화 구연대회를 개최했고
어린이들에게 좋은 읽을거리를 주기 위해
색동회 아동문학전집도 간행하였습니다

선생님, 눈솔 선생님
그때가 색동회 제6대 회장 재임 때였지요
할 일을 남기고 떠남이 얼마나 아쉬웠으면
귀천의 길에도 김수남, 배동익을 불러
색동회를 잘 부탁한다는 말을 남겼나요
그러면서도 어떻게 소천에 응했습니까?

그러나 선생님, 염려 마십시오
오늘도 저희들은 선생님의 높은 뜻을 받들어
이 땅의 어린이들에게 동화를 들려주고
동요 부르기 운동을 펼쳐 나가고 있습니다
눈솔극단과 색동어머니극단을 만들어
전국을 순회하며 동극을 공연하고 있습니다

색동어머니동화구연가회, 색동어린이극단
색동회동화구연연구회, 색동아동문학회 등
색동이라는 이름의 사회교육문화단체도
전국 곳곳에서 저마다의 사명감으로
어린이 사랑 운동을 펼치고 있습니다

눈솔 정인섭 선생님!
하늘나라에서도 저희들을 지켜보시고
어린이 사랑 속에 천은을 받으시어
현세에서 못다 한 일 모두 이루시옵소서
부디 거듭하여 명복을 빕니다
　　－「눈솔상 시상식」 2006.－

9. 짚신을 예찬함

민속박물관 진열장에 있는
한 켤레 낡은 짚신을 보면서
지나간 그의 역정을 그려본다

김정호가 팔도강산을 누비며
대동여지도를 새길 때도
민초들이 침략자들에게 맞서
이 땅을 지켜 피를 흘릴 때도
아픈 발을 감싸 주었던 짚신

걷다 보면 긁히고 찢겨지고
돌부리에 채어 헐어져도
제 몸 안에 들어와 실리는
두 발의 무게를 받아 안고
안간힘을 쓰면서 버텨냈겠지

그러다가 고된 하루가 가면
뼈마디가 으스러지는 피곤을
말없이 속으로 달래면서
섬돌 위나 봉당 바닥에
쪼그리고 엎드려 밤을 새고

새날이 밝아 오면 또다시
감발을 하고 주인을 따라서
꽃잎도 딛고, 낙엽도 밟고

때로는 진흙탕을 건너고
가시밭길도 지나면서
고락을 함께해 왔던 짚신은

우리 겨레의 얼이고 넋이며
삶의 동반자이고 지혜였기에
멀어 간 옛일을 떠올리며
나는 그를 지성으로 기린다

초리, 승혜, 짚세기란 이름의
영원한 우리의 서정과 사랑이
이제는 미라가 되었구나
민속박물관의 한 켤레 짚신.

－『짚신문학』 제10호. 2008.－

10. 대비수중고혼(代悲水中孤魂)

맹골수로의 물결을 보며
돌아오지 못할 길을 떠나간
여린 혼령들의 빛과 향을 본다
그들이 그리던 영원을 생각한다

순간에 모든 것을 삼키고도
아무 일도 없었던 것처럼
능청거리고 낄낄거리는 물결은
악마의 이빨이 되어 이제는
우리의 가슴을 갈가리 찢는다

"나는 너희들 구하고 나갈게."
사랑하는 제자들을 살려 내고
대신 떠나간 최혜영 선생님

"이 구명조끼 입고 얼른 나가."
물에 가라앉는 제자를 구해 주고
남은 제자들 따라간 남윤철 선생님

"내 구명조끼 네가 입어."
친구 살리고 자기는 죽은
살신성인의 화신 정차웅 군

"승무원은 마지막이어야 해."
학생들 밖으로 밀어내고 사라진
22살의 꽃봉오리 천사 박지영 양

"통장의 돈 큰애 등록금으로 써."
학생들 구조 위해 끊은 전화가
마지막이 된 양대홍 사무장

이들은 모두 별이 되었다
함께 간 수많은 혼령들과
지금 저 하늘 어디에서
우리들을 내려다보고 있다

오늘도 그날처럼
하늘은 다시 열리고
신록은 푸르름을 더해 가는데
맹골수로의 흙탕물 속에는
아직도 명부에조차 들지 못한
수중고혼들이 방황하고 있다
이를 어찌하랴
우리는 무엇을 어찌하랴

하지만 그늘이 짙다는 것은
밝음에 대한 반증이리니
광란의 톱날에 잘린 가지에
돋아날 새 움을 생각하며
애써 아픔과 슬픔을 삼킨다

시린 손을 내밀어
서로가 마주 잡아 주며
고혼들의 명복을 빈다
천지 정령들의 가호를 기원한다.
　　－『사상과 문학』18호. 2014.－

부록
김종상이 펴낸 책들

1. 창작동시집
2. 창작동시선집
3. 교육용 동시집
4. 노랫말 동요곡집
5. 창작시집
6. 창작동화집
7. 수필집
8. 종합문집
9. 독서와 작문교재
10. 편저 기타

〈창작동시집〉
01. 1964년 동 시 집 『흙손엄마』 : 형설출판사
01. 2010년 影 印 本 『흙손엄마』 : 재미마주
02. 1974년 동 시 집 『어머니 그 이름은』 : 세종문화사
03. 1979년 동 시 집 『우리 땅 우리 하늘』 : 서문당
04. 1982년 동 시 집 『해님은 멀리 있어도』 : 문학교육원
05. 1984년 동요시집 『하늘빛이 쌓여서』 : 가리온출판사
06. 1985년 동 시 집 『어머니 무명치마』 : 창작과 비평사
07. 1986년 동 시 집 『하늘 첫 동네』 : 웅진출판사
08. 1987년 동 시 집 『땅덩이 무게』 : 대교문화
09. 1992년 동 시 집 『생각하는 돌멩이』 : 현암사
10. 1993년 동 시 집 『매미와 참새』 : 아동문예사
11. 1995년 동 시 집 『나무의 손』 : 미리내
12. 2000년 동물동시 『곰은 엉덩이가 너무 뚱뚱해요』 : 문공사
12. 2002년 飜 譯 版 『中英雙語童詩』 : 臺灣 人類文化公司
12. 2003년 飜 譯 版 『雙語動物童詩』(修訂版) : 臺灣 人類文化公司
13. 2000년 꽃 동 시 『시가 담긴 우리 꽃』 제1권 : 프로방스
14. 2000년 꽃 동 시 『시가 담긴 우리 꽃』 제2권 : 프로방스
15. 2000년 꽃 동 시 『시가 담긴 우리 꽃』 제3권 : 프로방스
16. 2003년 유 아 시 『옛날 스님들은 어떻게 살았을까』 : 파랑새어린이
16. 2008년 飜 譯 版 『Graine de Bouddha』 : France. Picquier Jeunesse
17. 2004년 동 시 집 『꽃들은 무슨 생각할까』 : 파랑새어린이
18. 2008년 동 시 집 『숲에 가면』 : 섬아이
19. 2010년 동시조집 『꽃의 마음』 : 대영미디어
20. 2011년 꽃 시조집 『꽃도 사랑을 주면 사랑으로 다가온다』 : 소년문학사
21. 2011년 동물동시 『동물원, 우리 집은 땅땅땅』 : 파란정원
22. 2012년 어류동시 『동물원, 우리 집은 물물물』 : 파란정원
23. 2012년 조류동시 『동물원, 우리 집은 하늘하늘』 : 파란정원
24. 2012년 동화시집 『스님과 선재동자』 : 고글
25. 2014년 동물동시 『강아지 호랑이』 : 푸른사상
26. 2015년 어류동시 『알락달락 나비고기』 : 리젬
27. 2015년 동 시 집 『우주가 있는 곳』 : 청개구리
28. 2015년 곤충동시 『어디 어디 숨었니』 : 예림당

〈창작동시선집〉
01. 1996년 동시선집 『날개의 씨앗』 : 오늘어린이
02. 2010년 동시선집 『꿈꾸는 돌멩이』 : 예림당
03. 2013년 동시선집 『산 위에서 보면』 : 타임비
04. 2015년 동시선집 『김종상 동시선집』 : 지식을 만드는 지식

〈교육용 동시집〉
01. 1988년 동시감상 『동시를 감상하셔요』 : 청화
02. 1988년 동시짓기 사례기 『나는 시를 이렇게 썼다』 : 효성사
03. 2001년 인성동시 『노래로 마음을 닦아요』 : 문공사
04. 2015년 인성동시 『동시로 배우는 인성』 : 파랑새어린이
05. 2015년 관용구시 『교과서 관용구 100』 : 아주좋은날

〈노랫말 동요곡집〉
01. 1995년 동요400곡집 『아기잠자리』 : 한국음악교육연구회
02. 2001년 동요321곡집 『별을 긷지요』 : 한국음악교육연구회
03. 2004년 동요400곡집 『꽃과 별과 노래』 : 도서출판 미리내
04. 2012년 노랫말동요집 『꽃처럼 별처럼』 : 도서출판 고글

〈창작시집〉
01. 2004년 기행시집 『바람처럼 구름처럼』 : 도서출판 비트
02. 2006년 기행시집 『바람처럼 구름처럼』 증보판 : 백수사
03. 2012년 서정시집 『소도 짚신을 신었다』 : 문학신문 출판국
04. 2015년 기행시집 『길을 가며 길을 묻고』 : 대양미디어
05. 2016년 창작시집 『한글나라 좋은 나라』 : 문학신문 출판국

〈창작동화집〉
01. 1980년 동화집 『아기사슴』 : 삼성당
02. 1982년 동화집 『생각하는 느티나무』 : 보이스사
03. 1983년 동화집 『갯마을 아이들』 : 도서출판 여울
04. 1983년 동화집 『개구쟁이 챔피언』 : 견지사
05. 1983년 동화집 『여우대왕』 : 예림당
06. 1983년 동화집 『간지럽단 말야』 : 꿈동산

07. 1983년 동화집 『잃어버린 하늘』 : 일선출판사
08. 1988년 동화집 『새벽의 대작전』 : 효성사
09. 1988년 동화집 『창기라는 아이』 : 교육문화사
10. 1989년 동화집 『색동나라』 : 교육문화사
11. 1989년 동화집 『3 3 3』(한자 동화) : 서강출판사
12. 1990년 동화집 『우리 식구 네눈이』 : 새소년사
13. 1990년 동화집 『동물나라에 핀 코스모스』 : 윤성
14. 1990년 동화집 『정아와 귀염이』 : 삼덕출판사
15. 1990년 동화집 『방울이의 신발』 : 태양사
16. 1991년 동화집 『물과 불을 찾아서』 : 대연
17. 1991년 동화집 『생명을 찾은 섬』 : 대연
18. 1991년 동화집 『우주전쟁』 : 도서출판 용진
19. 1991년 동화집 『밤바다 물결 소리』 : 도서출판 동지
20. 1991년 동화집 『힘 자랑 재주 자랑』 : 국민서관
21. 1992년 동화집 『유령유치원』 : 국민서관
22. 1992년 동화집 『융통성 없는 아이』 : 학원출판공사
23. 1993년 동화집 『범쇠와 반달이』 : 중원사
24. 1996년 동화집 『재주 많은 왕자』 : 오늘어린이
25. 1996년 동화집 『물웅덩이』 : 한국유아교육개발원
26. 1996년 동화집 『형제』 : 한국유아교육개발원
27. 1997년 동화집 『예나의 숲』 : 여명출판사
28. 1998년 동화집 『아기해당화의 꿈』 : 학원출판공사
29. 1998년 동화집 『연필 한 자루』 : 학원출판공사
30. 1998년 동화집 『나뭇잎 배를 탄 진딧물』 : 학원출판공사
31. 2000년 동화집 『엄마 따라서』 : 도서출판 꿈동산
32. 2000년 동화집 『사람을 만들어요』 : 한국비고츠키
33. 2000년 동화집 『모두모두 잘 해요』 : 한국비고츠키
34. 2001년 동화집 『부엉이 오남매』 : 한국비고츠키
35. 2001년 동화집 『꼬리가 없어졌어요』 : 한국비고츠키
36. 2002년 동화집 『쉿, 쥐가 들을라』 : 예림당
37. 2011년 동화집 『멍청한 도깨비』 : 파란정원
38. 2011년 동화집 『왕비의 보석목걸이』 : 섬아이
39. 2013년 동화집 『좀생이 영감님의 하루떡값』 : 타임비

〈수필집〉
01. 1995년 교육수상집『개성화시대의 어린이, 어린이문화』: 집문당
02. 2014년 팔순기념 시가 있는 수필집『한두실에서 복사골까지』: 고글

〈종합문집〉
01. 1969년 동시동화『소라피리』: 보성출판사
02. 2008년 기념문집『김종상 아동문학 50주년』: 순리

〈작문교재〉
01. 1970년 글짓기 사례기『글밭에서 거둔 이삭』: 세종문화사
02. 1973년 어린이 시공부『사랑과 그리움의 세계』: 문조사
03. 1977년 글짓기 지침서『글짓기 지도 교실』: 한국교육출판
04. 1977년 독후감 쓰기 지도『독서감상문교실』: 교학사
05. 1977년 일기 교육『1,2학년 일기쓰기』: 한국글짓기지도회
06. 1978년 실용문 쓰기『생활하는 글짓기 ①』: 교학사
07. 1978년 학술문 쓰기『생활하는 글짓기 ②』: 교학사
08. 1978년 예술문 쓰기『생각하는 글짓기 ①』: 교학사
09. 1981년 동시짓기 사례기『동시의 마을』: 문학교육원
10. 1983년 행사글짓기『현장글짓기교육』: 대한교육연합회
11. 1984년 글짓기 교육『새 글짓기 공부』: 유신각
12. 1984년 글짓기 교육『글짓기 동산』: 청석수련원
13. 1984년 종합 글짓기『새 글짓기 완성』: 효성사
14. 1985년 독서와 글짓기『국어발전학습 4-①』: 연구사
15. 1985년 읽기와 쓰기『일학년 공부』: 도서출판 서당
16. 1985년 글짓기 지침서『사례별 글짓기』: 대한교육연합회
17. 1986년 재미있게 배우는『글짓기 징검다리』: 한국공문수학연구회
18. 1986년 편지글 지도지침서『편지글 쓰기』: 경원각
19. 1986년 어린이 작품집『모범 예문집 ①』: 견지사
20. 1986년 어린이 작품집『모범 예문집 ②』: 견지사
21. 1986년 동요의 이해와 감상『꼬불꼬불 꼬리나물』: 견지사
22. 1987년 초등학교 교과서『동요 동시 시조』: 예림당
23. 1987년 동시 짓기 교육『시를 써보셔요』: 도서출판 청하
24. 1988년 어린이를 위한 동시선집『산이 어깨동무를 하고』: 휘문출판사

25. 1988년 글짓기 실천기 『우리들의 글쓰기선생님』: 미리내
26. 1988년 독서와 글짓기 『독서감상문 교실 ①』: 금성출판사
27. 1988년 독서와 글짓기 『독서감상문 교실 ②』: 금성출판사
28. 1988년 독서와 글짓기 『독서감상문 교실 ③』: 금성출판사
29. 1990년 1, 2, 3학년 교과서 『동요동시』: 예림당
30. 1991년 4, 5, 6학년 교과서 『동요동시』: 예림당
31. 1991년 동시 짓기 이론과 실제 『동시 교실』: 예림당
32. 1993년 일기 쓰기 지도 『내가 쓴 나의 전기』: 교육문화사
33. 1993년 동시 짓기 지도 『아름다운 사랑의 노래』: 교육문화사
34. 1993년 기행문 쓰기 지도 『신나는 여행 이야기』: 교육문화사
35. 1993년 독후감 쓰기 지도 『독서감상문교실』: 교육문화사
36. 1993년 종합 글짓기 『꿈의 나라 글마을 ㉠』: 새벗사
37. 1993년 종합 글짓기 『꿈의 나라 글마을 ㉢』: 새벗사
38. 1993년 글짓기 자습서 『스스로 글짓기 ①』: 재능출판사
39. 1993년 글짓기 자습서 『스스로 글짓기 ②』: 재능출판사
40. 1993년 글짓기 자습서 『스스로 글짓기 ③』: 재능출판사
41. 1995년 글짓기 안내서 『글나라로 가는 길』: 현암사
42. 1995년 글짓기 이론서 『글짓기 선생님』 어린이재단
43. 1998년 글짓기 지도서 『글나라로 가는 길』: 중국 조선민족출판사
44. 2007년 글쓰기 교과서 『김종상 글쓰기교과서 ①』: 책먹는 아이
45. 2007년 글쓰기 교과서 『김종상 글쓰기교과서 ②』: 책먹는 아이
46. 2007년 글쓰기 교과서 『김종상 글쓰기교과서 ③』: 책먹는 아이
47. 2008년 명품논술시리즈 ① 『재밌고 쉬운 논술이야기』: 명성출판사
48. 2008년 명품논술시리즈 ② 『맛있고 좋은 논술이야기』: 명성출판사
49. 2008년 명품논술시리즈 ③ 『발상의 전환 논술이야기』: 명성출판사
50. 2013년 글쓰기 교과서 『대한민국 글쓰기교과서』: 파란정원

〈편저 · 기타〉
01. 국민교육헌장독본(공저)/ '70. 동아출판사
02. 세 가지 유물(전래동화)/ '79. 기미문화사
03. 로빈슨 표류기(무지개문고8)/ '79. 한영출판사
04. 로빈훗의 모험(무지개문고29)/ '79. 한영출판사
05. 지저탐험(무지개문고61) 외/ '79. 한영출판사

06. 검은 말 이야기(세계명작)/ '81. 계몽사
07. 바다 속에 묻힌 임금님(민족문화문고)/ '81. 민족문화추진회
08. 꽃을 가꾸는 두더지(번안유년동화)/ '82. 한국프뢰벨
09. 난장이 마을의 임금님(번안유년동화)/ '82. 한국프뢰벨
10. 지옥을 그린 화가(한국고전)/ '84. 서문당
11. 어린이 명상록(인성교육)/ '86. 예림당
12. 김정호(위인전기)/ '86. 예림당
13. 신사임당(위인전기)/ '86.예림당
14. 위대한 생애(민족문화문고)/ '86.민족문화추진회
15. 황야는 부른다(유아그림동화)/ '88.웅진미디어
16. 착하고 아름답게(하이디 영재학습)/ '89. 교육문화사
17. 마음 ②(어린이 교양도서)/ '89. 예림당
18. 노래주머니(유아구연동화)/ '89. 보림
19. 거지소년 재남이(생활철학)/ '89. 예림당
20. 슬기의 옹달샘(한문동화)/ '89. 서강출판사
21. 처칠(위인전기)/ '89. 교학사
22. 포드(위인전기)/ '89. 교학사
23. 마음 ②(생활철학)/ '89. 예림당
24. 신사임당(위인전기)/ '90. 삼성출판사
25. 진흙 속의 진주(철학동화)/ '91. 서강출판사
26. 땅 속에서 나온 돌종(민족문화문고)/ '91. 민족문화추진회
27. 은혜 갚은 너구리(번안 교육동화)/ '91. 국민서관
28. 유령유치원(번안 교육동화)/ '91. 국민서관
29. 힘자랑 재주자랑(번안 교육동화)/ '91. 국민서관
30. 산에 온 코끼리님(번안 교육동화)/ '91. 국민서관
31. 야옹이의 낚시(번안 교육동화)/ '91. 국민서관
32. 모래의 여행(번안 탐구동화)/ '92. 국민서관
33. 할아버지의 쌀(번안 탐구동화)/ '92. 국민서관
34. 황금머리카락(세계명작)/ '92. 국민서관
35. 새로 찾은 우리 신화(무속신화)/ '92. 예림당
36. 망두석 재판(대연전래동화선집)/ '93. 대한교육연구원
37. 세 가지 보물(대연전래동화선집)/ '93. 대한교육연구원
38. 이상한 배나무(전래동화)/ '93. 계몽사

39. 은혜 갚은 두꺼비(전래동화)/ '93. 계몽사
40. 심청전(우리 고전)/ '93. 계몽사
41. 소년과 진주(전래동화)/ '93. 계몽사
42. 이상한 배나무(전래동화)/ '93. 계몽사
43. 은혜 갚은 두꺼비(전래동화)/ '93. 계몽사
44. 세 가지 보물(전래동화)/ '93. 대연
45. 강감찬(위인전기)/ '94. 두손미디어
46. 조광조(위인전기)/ '94. 계몽사
47. 신사임당과 이율곡(그림한국사)/ '95. 한국파스칼
48. 이순신(그림한국사)' 외/ '95. 한국파스칼
49. 새로 찾은 우리 신화(한국고전)/ '95. 예림당
50. 아기잠자리(노랫말 동요 400곡집)/ '95. 음악교육연구회
51. 심청전(꿈동네 동화마을) 외 5권/ '96. 계몽사
52. 욕심쟁이 공주와 세 가지 보물(전래동화)/ '96. 한국안데르센
53. 황금달걀(전래동화)/ '96. 한국안데르센
54. 이솝 이야기(이솝 우화)/ '97. 朝鮮日報社
55. 할아버지의 쌀(탐구동화 시리즈)/ '97. 국민서관
56. 석가(올 칼라 위인전기)/ '98. 신태양사
57. 옛날 옛적에(무속신화)/ '98. 지경사
58. 염라대왕을 잡아 온 사나이(무속신화)/ '98. 지경사
59. 할머니의 선물/ '98. 관일미디어
60. 꽃과 시와 설화(꽃 전설 전 3권)/ '98. 관일미디어
61. 교과서 동시 해설과 감상(전 6권)/ '98. 예림당
62. 삼국지(중국고전)/ '98. 삼성당
63. 노인과 바다(세계명작)/ '98. 삼성당
64. 알프스의 소녀(세계명작)/ '98. 삼성당
65. 그리스 신화(세계명작)/ '98. 계림
66. 닐스의 이상한 여행(세계명작)/ '98. 계림
67. 80일간의 세계일주(세계명작) 외/ '98. 계림
68. 할머니의 선물(인성교육)/ '98. 관일미디어
69. 극락에서 가져 온 과일나무(꽃 전설)/ '98. 독서지도회
70. 보물성을 여는 홍자색 열쇠(꽃 전설)/ '98. 독서지도회
71. 가얏고에 실은 조국의 노래(꽃 전설)/ '98. 독서지도회

72. 선녀에게 선물 받은 옥비녀 (꽃 전설)/ '98. 독서지도회
73. 신령님이 주신 신비의 약초(꽃 전설)/ '98. 독서지도회
74. 탈무드의 지혜(거미와 모기 외)/ '98. 눈열린교육
75. ＥＱ를 높여주는 동시집(전 3권)/ '99. 학원미디어
76. 바른 마음 착한 행동(도덕교육용)/ '99. 교보문고
77. 장보고(역사인물)/ '99. 파랑새어린이
78. 로빈훗(세계명작)/ '00. 어깨동무
79. 사랑의 학교(세계명작)/ '00. 어깨동무
80. 걸리버 여행기(세계명작)/ '00. 세계명작
81. 노틀담의 곱추(세계명작)/ '00. 어깨동무
82. 저학년 좋은 동시/ '00. 글동산
83. 고학년 좋은 동시/ '00. 글동산
84. 1,2학년 감상 동시/ '00. 스텐퍼드
85. 3,4학년 감상 동시/ '00. 스텐퍼드
86. 5,6학년 감상 동시 / '00. 스텐퍼드
87. 솔로몬의 동굴(세계명작)/ '01. 계림
88. 아이반호(세계명작) 외/ '01. 계림
89. 라이트 형제(위인전기) 외/ '01. 두산동아
90. 감동이 있는 16가지 이야기(설화)/ '02. 글사랑
91. 따뜻한 마음이 있는 16가지 이야기(설화)/ '02. 글사랑
92. 향기가 있는 16가지 이야기(설화)/ '02. 글사랑
93. 거위장군 수무카(어린이대장경 04)/ '06. 현대출판사
94. 용감한 꿀꿀이대장(어린이대장경 30)/ '06. 현대출판사
95. 외눈박이 거북의 앙갚음(어린이대장경 32)/ '06. 현대출판사
96. 울타리가 되어드릴게요(감성 꽃 동화)/ '08. 책먹는 아이
97. 아인슈타인(위인전기)/ '08. 효리원

김종상 시집
한글나라 좋은 나라

지은이 · 김종상
펴낸이 · 이종기
펴낸곳 · 세종문화사
편집 디자인 · 문학신문 출판국

주소 · (120-707)
　　　서울 서대문구 통일로 107-39, 223호
　　　E-mail : eds@kbnews.net
등록 · 1974년 2월 10일 제9-38호
전화 · (02)363-3345
팩스 · (02)363-9990

제1판 1쇄 발행 · 2016년 3월 5일

ISBN 978-89-7424-104-9　　03810

값 10,000원

이 도서의 국립중앙도서관 출판 예정 도서목록(CIP)은
서지정보유통지원시스템 홈페이지(http://seoji.nl.go.kr)와
국가자료공동목록시스템(http://www.nl.go.kr/kolisnet)에서
이용하실 수 있습니다.(CIP제어번호: CIP2016004222)